Sabine Dittrich

Noch 24 Kilometer bis Weihnachten

Verschnaufpausen im Advent

Die Deutsche Bibliothek verzeichnet diese
Publikation in der Deutschen Nationalbibliografie;
detaillierte bibliografische Daten sind im
Internet über www.d-nb.de abrufbar

Lektorat: Dr. Thomas Baumann

Umschlaggestaltung und Satz:
spoon design

Umschlagbilder: AlexMaster,
Sea Wave/shutterstock.com

Illustrationen Innenteil: Shutterstock.com

Herstellung: Beltz Grafische Betriebe
GmbH, Bad Langensalza

© 2024 Neufeld Verlag Neudorf bei Luhe
ISBN 978-3-86256-194-0, Bestell-Nummer 590 194

Nachdruck und Vervielfältigung, auch auszugsweise,
nur mit Genehmigung des Verlages

neufeld-verlag.de

Bleibt auf dem Laufenden:
YouTube | Instagram | Facebook | *neufeldverlag*
newsletter.neufeld-verlag.de
www.neufeld-verlag.de/blog

NEUFELD VERLAG

Sabine Dittrich

Noch 24 Kilometer bis Weihnachten

Verschnaufpausen im Advent

NEUFELD VERLAG

⇒ INHALT ⇐

Vorwort 6

Kilometer 1: *Aufbrechen* 9
Kilometer 2: *Die Frau am Brunnen* 13
Kilometer 3: *Willkommen-zuhause-Stern* 17
Kilometer 4: *Kleine Steine – große Blasen* 21
Kilometer 5: *Der gewaschene Hals* 25
Kilometer 6: *Nikolause? Nikoläuse?* 29
Kilometer 7: *Wie schwer ist dein Rucksack?* 33
Kilometer 8: *Post mit Herz* 37
Kilometer 9: *Maria singt ein Lied* 41
Kilometer 10: *Wer schreibt, der bleibt* 45
Kilometer 11: *Verlaufen* 49
Kilometer 12: *Fastenzeit ist Schlemmerzeit* 53
Kilometer 13: *Setz dich unter einen Baum
und zeichne* 57

Kilometer 14: *Wenn's anstrengend wird,
              geh langsamer* 61

Kilometer 15: *Blinde Bettler am Weg* 65

Kilometer 16: *Himmelstelefon* 71

Kilometer 17: *Nix! Absolut nix!* 75

Kilometer 18: *Innehalten – anhalten* 79

Kilometer 19: *Gewöhn dich an anders!* 83

Kilometer 20: *Wegläuferin* 87

Kilometer 21: *Warum ausgerechnet vier
              Adventssonntage?* 91

Kilometer 22: *Mythos Stall?* 95

Kilometer 23: *Weihnachtsfrieden?* 99

Kilometer 24: *Endlich da. Und dann?* 103

Über die Autorin 108
Quellenverzeichnis 110
Auszüge aus der Bibel zur Geburt Jesu 112

⇛ Vorwort ⇚

Liebe Leserin, lieber Leser,
Advent heißt Ankunft. Ankommen bedingt, dass man vorher unterwegs war. Warum die 24 Tage vor Weihnachten also nicht als kleine Reise betrachten? Ich gehe gerne zu Fuß, andere fahren lieber auf zwei oder vier Rädern. Mein Mann würde eindeutig Schienen bevorzugen. Schiff, Flugzeug, Skier, Pferdeschlitten – egal, wie du am liebsten unterwegs sein möchtest: Ich freue mich, dass wir die 24 Etappen bis Heiligabend zusammen zurücklegen werden.

Ich möchte dir gerne das „Du" anbieten, denn in manchen Texten wirst du sehr persönliche Dinge über mich erfahren.

Für jeden Tag gibt es einen kurzen Text sowie eine Illustration zum Ausmalen mit einem Zitat, Rezept oder Tipp auf der Rückseite. Das Buch ist so konzipiert, dass du die Seiten mit den Bildern auch ausschneiden und verschenken oder an einem anderen Ort aufbewahren kannst.

Außerdem malt es sich auf losen Blättern viel leichter, hat mir meine kleine Freundin Emilia versichert. Und die ist eine echte Ausmal-Expertin.

Also dann: „Auf geht's!", „Leinen los", „Hü", „Gute Fahrt!" und „Buen Camino" für die Fußgänger unter uns!
Gute Reise nach Weihnachten wünscht dir
Sabine Dittrich

≈ KILOMETER 1 ≈
AUFBRECHEN

Ich ziehe die Haustür hinter mir zu und halte kurz inne. Heute ist ein besonderer Tag: Endlich breche ich auf.

Meine ersten Schritte auf einem Weg, der mich vom oberfränkischen Neugattendorf bis nach Tutzing am Starnberger See führen soll, fühlen sich seltsam bedeutungsvoll an. Schon jahrelang träume ich davon, einen der großen Pilgerwege zu gehen. Nach Rom, nach Santiago de Compostela oder den Ignatiusweg nach Loyola. Doch ich konnte mich nie von meinen beruflichen und familiären Verpflichtungen freischaufeln. Auch jetzt bin ich nicht frei, wochenlang unterwegs zu sein. Und mein Plan entspricht so gar nicht den gängigen Vorstellungen vom Pilgern.

Ich werde die Strecke häppchenweise gehen. Anfangs einzelne Tage, später vielleicht drei, vier oder auch mal eine ganze Woche. Übernachten werde ich fast immer in Gasthöfen. Fünf Klöster liegen am Weg, die Gäste aufnehmen.

Viele verschiedene Wanderzeichen werden mich führen. Manchmal auch gar keine.

Mein Ziel ist kein berühmter Wallfahrtsort, sondern das Kloster der Missionsbenediktinerinnen in Tutzing, wo ich eine spirituelle Heimat und Freundinnen gefunden habe. Wie lange ich für die ungefähr 430 Kilometer brauche, spielt keine Rolle.

Etwas in mir ist in den letzten Wochen in Bewegung gekommen. Der tägliche Blick auf einen Kalenderspruch hat mich nach und nach aufgebrochen:

Die Tat unterscheidet das Ziel vom Traum

Die Zeit ist reif, mit dem Träumen aufzuhören. Ich mache mich endlich auf den Weg.

Die Adventszeit kann man auch als Reise hin zu Weihnachten betrachten. Dieses Büchlein soll ein Wegbegleiter sein auf den letzten 24 Kilometern. Advent heißt Ankunft. Jesus ist damals schon angekommen. Heute kommt er uns entgegen.

Nachdenk-Zettel:

Welchen Traum hege ich schon lange im Herzen?

Was hindert mich an der Verwirklichung?

Wenn der Traum zu groß ist: Welche grundsätzliche Sehnsucht verbirgt sich darin?

Kann diese Sehnsucht auch in einem kleineren, machbaren Tun beantwortet werden?

Was wären dann meine ersten Schritte?

Die Tat unterscheidet das Ziel vom Traum!

⇒ KILOMETER 2 ⇐
DIE FRAU AM BRUNNEN

Auf unserer Hauskrippe wechseln die Figuren und Szenen im Advent mehrmals. Die Schafe grasen nicht immer an der gleichen Stelle und die Einwohner Bethlehems gehen ihrem Alltag nach, während die in der Bibel beschriebenen Geschehnisse ihren Lauf nehmen.

Nur eine einzige Figur steht die ganzen Wochen starr an ihrem Platz: die Frau mit dem Eimer neben dem Brunnen.

Sie wird Zeugin, wie der Engel zu Maria kommt, um ihr zu sagen, dass Gott sie auserwählt hat, die Mutter Jesu zu werden.

Die Brunnenfrau beobachtet eine Woche später neugierig, wie sich Maria und ihre hochschwangere Tante Elisabeth herzlich umarmen, während der stumme Zacharias unbeholfen danebensteht.

Doch weder die Hirten noch die drei Weisen aus dem Morgenland können sie überreden, mit ihnen das neugeborene Kind im Stall zu besuchen.

Sie sieht kurz darauf aus sicherer Entfernung, wie Josef, Maria und der kleine Jesus vor dem grausamen Herodes fliehen müssen.

Diese Frau beobachtet und hört viel – doch das Jesuskind hat sie nicht persönlich kennengelernt.

Das Brunnenweib symbolisiert auf Traditionskrippen Menschen, die alles nur von ihrem Standpunkt aus betrachten, sich nicht für Zusammenhänge interessieren – geschweige denn, persönliche Erfahrungen machen wollen. Sie stehen am Brunnen, gucken nur zu oder weg und verpassen daher neue Erkenntnisse.

Diese kleine Krippenfigur erinnert mich immer wieder daran, wie ich eigentlich nicht leben will. Und dennoch ertappe ich mich dabei, vom Sofa aus das Geschehen im Berliner Parlament zu kommentieren. Natürlich weiß ich auch, wie die Stürmerin das Siegtor hätte schießen können und wie man in anderen Teilen der Welt viel CO_2 einsparen könnte. Zuschauen und schlau reden, anstatt hinzuschauen und selbst in Bewegung zu kommen, um das zu tun, was in meiner Macht steht.

Gott sei Dank fordert mich das Brunnenweib jeden Advent aufs Neue heraus, nicht nur zu- oder wegzuschauen, wo ich mich zu etwas Gutem bewegen könnte.

*Die gefährlichste aller Weltanschauungen
ist die Weltanschauung der Leute,
welche die Welt nicht angeschaut haben.*

Alexander von Humboldt,
Wissenschaftler und Forschungsreisender
(1769–1859)

⇛ KILOMETER 3 ⇚
WILLKOMMEN-
ZUHAUSE-STERN

Bei den drei Weisen aus dem Morgenland löste ein besonderer Stern Fernweh und Neugierde aus. Sie ließen sich von ihm bis zu Jesus nach Bethlehem führen.

Gibt es auch Sterne, die gegen Heimweh und Trennungsschmerz helfen? Vielleicht hast du in der Adventszeit schon einmal einen Herrnhuter Stern leuchten sehen.

Diese 25-zackigen Leuchtsterne wurden Mitte des 19. Jahrhunderts in der Stadt Herrnhut erfunden. Herrnhut ist ein ganz besonderer Ort in der Oberlausitz zwischen Löbau und Zittau. Der evangelische Reichsgraf Nikolaus von Zinzendorf stellte Glaubensflüchtlingen aus Böhmen und Mähren Land zur Verfügung. Daraus entstand 1722 die Stadt Herrnhut und die Herrnhuter Brüdergemeine/Evangelische Brüderunität mit einer weltweiten Missionstätigkeit. Ihre Anliegen sind bis heute die Verbreitung der Bibel in der Landessprache, die Musik und gute Schulen. Die Kinder der Missionare lebten meist in Herrnhuter Schulinternaten. Dort waren sie in Sicherheit und genossen gute Bildung, was in den Missionsländern nicht möglich war. Die Kinder hatten natürlich Sehnsucht nach ihren Eltern, ganz besonders in der Adventszeit.

Ein Erzieher nutzte den Stern im Mathematikunterricht als Vorlage, um ein besseres geometrisches Verständnis zu vermitteln. Er ließ die Internatskinder Sterne aus verschiedenen geometrischen Formen basteln. Die ersten Exemplare waren weiß-rot; weiß für die Reinheit und rot für das Blut Jesu. Diese Sterne hingen zuerst in den Stuben der Kinder und linderten den Trennungsschmerz. Bald wurden sie so beliebt, dass sie patentiert und für die Allgemeinheit produziert wurden. Die Sternenmanufaktur überstand beide Weltkriege, die Verstaatlichung zu DDR-Zeiten und die Wende 1989. Heute gibt es Sterne in verschiedensten Farben und Ausführungen.

Wenn ich an einem Adventsabend in unsere Straße einbiege, leuchtet mir mein gelb-roter Stern im Küchenfenster sanft entgegen. Mein Willkommen-zuhause-Stern.

Du hast noch keinen? Dann blättere um …

HERRNHUTER®

Es gibt etwas zu gewinnen!

Die Herrnhuter Manufaktur stellt uns freundlicherweise **zwei Bausätze zum Basteln eines kleinen Sterns** *in klassischem weiß-rot mit passenden Batteriehaltern mit Timer zur Verfügung – die wir verlosen (Kunststoff, Durchmesser 13 cm, Gesamtwert etwa 55 Euro). Batterien legen wir dir auch noch bei, so dass du dich gleich nach Erhalt des Gewinns und einer kleinen Bastelarbeit am Leuchten der beiden Sterne erfreuen kannst.*

Du willst gewinnen? Dann schreibe bis zum 5. Dezember 2024, 24.00 Uhr mit dem Stichwort „Herrnhuter Stern" an den Verlag:

- *über das Kontaktformular: https://www.neufeld-verlag.de/kontakt/*

- *per E-Mail an info@neufeld-verlag.de*

- *per Post: Neufeld Verlag, Schlagäcker 18, D-92706 Luhe-Wildenau*

Das Los entscheidet. Und die Gewinnerin oder der Gewinner wird vom Verlag am 6. Dezember benachrichtigt, die beiden Sterne verschicken wir dann umgehend.

Hier gibt es viele Informationen, Geschenkideen sowie einen Shop: www.herrnhuter-sterne.de

≈ Kilometer 4 ≈
Kleine Steine –
große Blasen

Es fängt mit einem Pieken auf der Fußsohle an. Ein Steinchen ist in meinen Wanderstiefel geraten. Ich versuche, den Störenfried während des Laufens an eine Stelle zu schütteln, an der ich ihn nicht mehr spüre. Ich habe keine Lust, deswegen jetzt den Trekkingrucksack abzuschnallen, den Schuh auszuziehen und dann sorgfältig neu zu schnüren. Außerdem ist es kalt und neblig. Weit und breit keine Bank in Sicht, nicht einmal ein Mäuerchen oder ein Stapel Baumstämme. Also trotte ich mit gelegentlichen Kickbewegungen dahin. Einen Kilometer weiter scheuert das Steinchen an der Außenseite meines kleinen Zehs. Und von dort bringe ich die Nervensäge nicht mehr weggeschüttelt. Jetzt schmerzt es. Nachdem auch Zehen einziehen nichts nützt, halte ich murrend an und ziehe Schuh und Strumpf aus. Das spitze Stück Schotter ist winzig. Die rote aufgeriebene Stelle an meinem kleinen Zeh nicht. Blasenpflaster wird nur bedingt helfen. In den folgenden Tagen werde ich öfter seufzen: Warum habe ich mich nicht sofort darum gekümmert?

Diese kleinen Steinchen kenne ich auch im Alltagsgetriebe. Sie klemmen sich unangenehm in Abläufen und Beziehungen fest: Die harsche Bemerkung einer guten Bekannten, über die ich tagelang nachgrüble, statt einfach zum Handy zu greifen, um herauszufinden, was sie mir damit sagen wollte. Stattdessen fühle ich mich von Tag zu Tag verletzter und wütender. Dass unsere nächste Begegnung harmonisch verläuft, ist unwahrscheinlich. Aus einem spitzen Wortsteinchen kann schnell eine Geröll-Lawine werden, die wesentlich schwieriger aus der Welt zu schaffen ist.

Verschnaufpause für deine Füße

Was hältst du von einem wohltuenden Fußbad mit selbstgemachtem Peeling?

Zuerst die Füße in ca. 38 Grad warmem Wasser 8–10 Minuten baden. Ein Badezusatz ist nicht notwendig. Wenn das Wasser kälter wird, einfach ein bisschen heißes nachfüllen.

Dann die feuchten Füße mit dem vorbereiteten Peeling einreiben und massieren. Danach gründlich abspülen und abtrocknen.

Jetzt noch gut eincremen, Wollsocken anziehen und ab ins Bett oder aufs Sofa.

Rezept 1 für Puristen: *1 EL Kaffeesatz mit 3 EL Olivenöl mischen.*

Rezept 2 für Duft-Fans: *Den Inhalt von 1 Beutel Kamillentee mit 2 EL Olivenöl mischen, 4 EL grobes Meersalz darunter geben und zum Schluss 2 Tropfen ätherisches Öl nach Wunsch.*
Zum Beispiel Lavendel, Zitrone, Minze. Oder eine Adventsduftmischung.

⇛ Kilometer 5 ⇚
Der gewaschene Hals

Unser Singkreis darf das Programm der Dorfweihnacht bereichern. Wir diskutieren, wie viele Lieder wir dort singen sollen.

Ingrid meint lakonisch: „Na – wenn wir uns schonmal extra den Hals gewaschen haben, dann singen wir doch gleich ein paar mehr."

Ich pruste los, diese Redewendung ist mir neu. Und die Vorstellung, sich extra wegen dem Singkreis-Auftritt vorher den Hals zu waschen, ziemlich lustig.

Heutzutage sind Duschen und Baden eine ganz alltägliche Angelegenheit. In meiner Kindheit, als bei uns zu Hause das Badewasser noch mit dem Kohleofen erhitzt wurde, war es etwas Besonderes. Normalerweise war samstags Badetag. Und am Heiligabend-Vormittag – egal, auf was für einen Wochentag der fiel. Damit man dann sauber und wohlriechend unter dem Christbaum stehen konnte.

Meine Eltern betonten immer, dass dem Christkind reinliche und vor allem brave Kinder gut gefallen. Die mit den vielen goldenen Strichen im himmlischen Büchlein.

Ob das wirklich so ist? Ob das Christkind tatsächlich eine Liste führt mit schwarzen und goldenen Strichen? Ob es ihm wirklich wichtig ist, dass ich meinen Hals und die Fingernägel geschrubbt habe? Als Kind hat mich diese Frage beschäftigt.

Es hat viele Jahre gedauert, bis ich begriff, dass das Christkind – also Jesus Christus – nichts auf Äußerlichkeiten gibt. Man kann mit einem völlig ungewaschenen Hals zu ihm kommen. Jederzeit. Gerade dann, wenn man nicht brav war. Niemand von uns macht immer alles richtig.

Jesus schaut unser Herz an, wie wir es wirklich meinen. Ob wir ihm glauben wollen und uns überhaupt ein gutes, reines Herz wünschen.

Dafür ist er in Bethlehem geboren worden, damit wir nicht mehr nach goldenen oder schwarzen Strichen im Himmel abgeurteilt werden.

Und das ist der eigentliche Grund, weswegen wir Weihnachten feiern.

Ingrids Redensart ist die Pointe eines Witzes:

Die Mutter fordert den kleinen Moritz auf, sich den Hals zu waschen, weil die Erbtante zu Besuch kommt.

Moritz antwortet: „Und wenn sie nicht kommt, dann steh ich dumm da mit meinem gewaschenen Hals!"

≥ KILOMETER 6 ≤
NIKOLAUSE? NIKOLÄUSE?

Redet man über den ursprünglichen Nikolaus, den legendären Bischof, der um 300 n. Chr. in Myra gelebt hat, hat man kein Problem mit der Mehrzahlbildung. Von diesem echten Ur-Nikolaus gibt es nur ein einziges Exemplar.

Wenn sich heutzutage über 60 Nikolaus-Darsteller aus dem Allgäu, der Schweiz, Frankreich, Belgien und Südtirol Anfang Dezember zu einem Aussendungs-Gottesdienst in Missen-Wilhams treffen, wird das schon komplizierter. Heißt es korrekt Nikolause oder Nikoläuse? Im Allgäu behilft man sich elegant mit dem Begriff Nikolaus-Darsteller.

Nicht auszudenken, wenn Frauen im Zeichen der Gleichberechtigung in den rot-weißen Umhang schlüpfen. Nikolausin – Nikolausinnen?

Aus unserem Naschfach glubschen mich zwei Exemplare freundlich an. Weder Mann noch Frau, sondern Schokoladen-Nikolause. Oder -läuse. Und niemand aus der Familie hat Appetit, sie auf die Einzahl zu dezimieren oder komplett verschwinden zu lassen. Zu viel, zu süß.

Wenn ich mich der adventlichen Schokoladenhohlkörper nicht bald annehme, werden sie irgendwann Gesellschaft von Osterhasen bekommen.

Da kommt mir ein guter Gedanke. Ich werde Kekse damit backen. Es gibt etliche Sorten, für die man viel Schokolade benötigt. Ich tüftle ein wenig herum und wandle ein Rezept nach meinem Gusto ab. Mit so viel Vollmilchschokolade kann man den Zuckeranteil problemlos reduzieren.

Während die Plätzchen im Ofen backen, schaue ich im Duden nach. Beide Varianten sind in Ordnung: Nikolause und Nikoläuse. Das ist reine Geschmacksache.

Nicht so mein Backergebnis: Das sind die leckersten Schokokekse, die ich je gebacken habe. Das Rezept verrate ich dir gleich. Für den Fall, dass du auch einmal zu viele Nikolause geschenkt bekommen hast. Oder Nikoläuse. Oder Osterhasen.

Nikolaus-Kekse

- 125 g Schoko-Nikolaus oder Osterhase
- 50 g Butter
- 60 g Zucker
- 1 Ei
- 1 Pck. Vanillinzucker
- 150 g Mehl
- 1 TL Backpulver
- 25 g Kakaopulver
- 1 Prise Salz
- Optional 1 Prise Lebkuchengewürz und ½ TL Zimt
- 1 EL Milch + 1 EL Amaretto oder 2 EL Milch
- Backpapier
- Evtl. Puderzucker

Schokoladen-Nikolaus in Stücke zerbrechen, vorsichtig im Wasserbad schmelzen. Butter, Zucker, Ei und Vanillinzucker gut cremig rühren, dann die geschmolzene Schokolade gründlich unterrühren.

Mehl, Backpulver, Kakao, Salz und optional Gewürze mischen, in die Schokomasse rühren. Die Milch bzw. Amaretto zufügen, gründlich untermischen. Fertigen Teig unbedingt in der Schüssel für 1 Stunde kaltstellen. Er bekommt eine feste Konsistenz und lässt sich gut formen. Ofen vorheizen, Ober/Unterhitze 180 Grad, Backpapier aufs Blech legen. Kugeln drehen, ca. 2 cm Durchmesser, mit ein wenig Abstand aufs Blech legen und von oben leicht flach drücken. Wer es süßer möchte, rollt die Kugeln vorher in Puderzucker. Ca. 14–16 Minuten backen, auf Gitter auskühlen lassen.

KILOMETER 7
WIE SCHWER IST DEIN RUCKSACK?

Ein zu schwerer Rucksack kann dir die ganze Wanderung vermiesen. Auch wenn dir anfangs zehn Kilo gut tragbar erscheinen – nach einigen Kilometern wird dich jedes Gramm drücken. Vor allem, wenn du nicht trainiert bist, Lasten auf dem Rücken zu tragen.

Daher heißt die Devise, nur das Nötigste einpacken. Aber was ist das? Diese spannende Frage hängt von Jahreszeit, Länge der Tour und persönlichen Bedürfnissen ab. Mein Rucksack ist mit wachsender Erfahrung immer leichter geworden. Inzwischen habe ich mich bei etwa neun Kilo inklusive Getränke eingependelt. Zum Beispiel verzichte ich auf die gut gefüllte Brotzeitdose. Eine kleine Tüte Studentenfutter bringt mich locker über den Tag. Wasser habe ich jedoch immer genug dabei, mit Dehydrierung ist nicht zu spaßen.

Interessant ist, dass die minimalistische Pilger-Packerei auch auf meinen Alltag abfärbt. Ich reise inzwischen mit leichterem Gepäck in Urlaub und durchs Leben als früher.

Gerade in der Adventszeit wird mir das bewusst, wenn ich höre, mit welchen ausladenden Festtagsvorbereitungen man sich belasten kann. Wenn man das gern macht, warum nicht? Dann ist es ja eine Freude. Doch zu oft höre ich die Menschen über all ihre Vorhaben und Termine in der Weihnachtszeit jammern und stöhnen. Sie haben definitiv zu viel in ihren Adventsrucksack gepackt und können den Weg zur Krippe gar nicht genießen.

Da hilft nur auspacken, aussortieren und wieder einpacken, was einem wirklich wichtig ist. Auch mal ein klares Nein zu sagen. Manchmal ist es sinnvoll, Aufgaben auf andere Familienmitglieder zu verteilen. Gerade wir Frauen neigen dazu, uns die gesamte Last eines rundum gelungenen Familienfestes auf den Buckel zu schnallen. Fangen wir jedoch mutig an zu delegieren, verringert sich der Umfang der familiären Festtagsgewohnheiten im Folgejahr oft von selbst.

Dabei geht es im Kern von Weihnachten nur um die Freude an Jesu Geburt. Wir sind alle zu seiner Geburtstagsfeier eingeladen.

*Wie viele Feste werden begangen,
wie wenige gefeiert!*

Anna Dix,
deutsche Dichterin (1874–1947)

⋛ KILOMETER 8 ⋚
POST MIT HERZ

Heute, am zweiten Adventssonntag, mache ich es mir richtig gemütlich mit Tee und Plätzchen. Ich werde jetzt mehrere Weihnachtsbriefe schreiben. Das Besondere dabei ist, dass ich die Empfänger meiner Grüße nicht kenne. Ich weiß nichts über sie, nur, in welcher Stadt und welcher Art Einrichtung sie leben. Und Weihnachten ist für diese Menschen eine eher traurige Zeit, weil sie niemanden haben.

Durch einen Zeitungsbericht bin ich auf die Aktion *Post mit Herz* gestoßen, habe mich registriert und mir acht Adressen zuteilen lassen. Sie sind über ganz Deutschland verstreut. Ein Seniorenheim in Leipzig schreibt in seinem Steckbrief: *„Wer weiß, vielleicht bekommen Sie sogar eine Antwort."* Auf diesen Briefumschlag schreibe ich ausnahmsweise meine Absenderadresse.

„Was soll man denn an völlig fremde Menschen schreiben?", fragt meine Freundin, der ich davon erzählt habe.

„Zum Beispiel, welche Adventslieder ich besonders mag oder etwas Interessantes über unsere Weihnachtskrippe. Mutmachend soll es sein und herzlich."

„Und das schreibst du dann x-mal ab?"

Ich lache, weil ich bisher gar nicht auf diese Idee gekommen bin.

„Eigentlich nicht. Ich nasche vor jedem Brief Plätzchen und bitte Jesus um gute Gedanken, was ich speziell dem nächsten Menschen schreiben könnte. Er kennt den Empfänger ja schon."

„Und das funktioniert?" Meine Freundin klingt skeptisch.

Gute Frage – ich weiß es nicht. Ich denke dabei an Don Boscos Rat: *Tue, was du kannst, und Gott tut das Übrige.*

Am 22. Dezember trifft ein Brief aus Leipzig bei mir ein. Eine handgeschriebene persönliche Nachricht aus dem Seniorenstift Katharinenhof. Aus den Zeilen spricht ehrliche Freude über meine Weihnachtspost.

Es macht mir Spaß, Teil eines größeren Freudeverbreitungsprozesses zu sein.

Vielleicht hast du ja auch Lust dazu?

Nächstenliebe passt auf eine Karte

Wir von Post mit Herz kämpfen gegen die Einsamkeit. Wir engagieren uns dafür, dass sich einsame Menschen nicht vergessen fühlen. Wir wollen Kontakt herstellen, den Betroffenen Freude schenken und Mut machen.

Das tun wir, indem wir freiwillige Kartenschreiberinnen und -schreiber mit sozialen Einrichtungen verbinden, die einsame Menschen betreuen.

Unsere Mission: Jeder einsame Mensch soll Post mit Herz bekommen. Und du kannst uns dabei helfen.

Arbeitest du in einer Einrichtung, in der es Bewohner gibt, die eine mutmachende Karte erfreuen würde? Oder magst du selbst zum Stift greifen?

Hier erfährst du mehr und kannst dich unkompliziert anmelden:

https://www.postmitherz.org

KILOMETER 9
MARIA SINGT EIN LIED

In der zweiten Adventswoche stelle ich drei besondere Figuren auf unsere Hauskrippe: Maria, ihre Tante Elisabeth und deren Mann Zacharias. Patrick Ernst, der Krippenschnitzer aus Naumburg/Saale, hat sie extra für uns angefertigt. Patricks Figuren sind nicht so „überirdisch schön" wie manche Figuren von der Stange. Es sind aus einem Stück Lindenholz handgeschnitzte Persönlichkeiten. Und deswegen finde ich sie noch viel schöner.

Das Lukasevangelium berichtet, dass Maria, kurz nachdem ihr der Engel Gabriel erschienen war, über das Gebirge zu ihrer Tante Elisabeth wanderte. Gabriel hatte gesagt, dass auch Elisabeth schwanger wäre; in einem Alter, in dem man eigentlich keine Kinder mehr bekommen kann. Ich vermute, Maria wollte sich persönlich von diesem Wunder überzeugen und mit ihrer Tante über ihre eigene wundersame Schwangerschaft sprechen.

Elisabeths prophetische Begrüßungsworte geben Maria die Sicherheit, dass eintreffen wird, was Gott ihr zugesprochen hat. Und darauf antwortet Maria mit einem Loblied, das bis heute am Ende des abendlichen Stundengebets im Kloster gesungen oder gebetet wird. Man nennt es auch nach dem lateinischen Textanfang das „Magnifikat".

Dietrich Bonhoeffer schreibt darüber: *„Dieses Lied der Maria ist das leidenschaftlichste, wildeste, ja man möchte fast sagen revolutionärste Adventslied, das je gesungen wurde. Es ist nicht die sanfte, zärtliche, verträumte Maria, wie wir sie auf Bildern sehen, sondern es ist die leidenschaftliche, hingerissene, stolze, begeisterte Maria, die hier spricht ... ein hartes, starkes, unerbittliches Lied von stürzenden Thronen und gedemütigten Herren dieser Welt, von Gottes Gewalt und von der Menschen Ohnmacht."*

Für mich rückt Maria die Perspektiven gerade, wenn ich angesichts der Weltlage die Hoffnung zu verlieren drohe. Deshalb liebe ich das Magnifikat. Du findest dieses „revolutionärste Adventslied" auf den nächsten Seiten.

Adventslied

Da lobte Maria Gott:

*Meine Seele preist die Größe des Herrn
und mein Geist jubelt über Gott, meinen Retter.*

Denn auf die Niedrigkeit seiner Magd hat er geschaut. Siehe, von nun an preisen mich selig alle Geschlechter.

Denn der Mächtige hat Großes an mir getan und sein Name ist heilig.

Er erbarmt sich von Geschlecht zu Geschlecht über alle, die ihn fürchten.

Er vollbringt mit seinem Arm machtvolle Taten: Er zerstreut, die im Herzen voll Hochmut sind; er stürzt die Mächtigen vom Thron und erhöht die Niedrigen.

Die Hungernden beschenkt er mit seinen Gaben und lässt die Reichen leer ausgehen.

Er nimmt sich seines Knechtes Israel an und denkt an sein Erbarmen, das er unseren Vätern verheißen hat, Abraham und seinen Nachkommen auf ewig.

*Aus dem Lukasevangelium,
Kapitel 1, Vers 46–55*

KILOMETER 10
WER SCHREIBT, DER BLEIBT

Drei Sachen dürfen in meinem Rucksack nicht fehlen: ein kleines Heft, ein paar Blankozettel sowie ein Druckbleistift. Natürlich gibt es wunderbare Kladden mit bereits vorgefertigten Seiten. Aber mir reicht das kleine Vokabelheft. Es fällt mit seinen 49 Gramm im wahrsten Sinne des Wortes nicht ins Gewicht.

Anfangs habe ich überlegt, was ich aufschreiben will. Wie viele Kilometer ich gelaufen bin? Wie lange ich dafür gebraucht habe? Wie das Wetter war? Strecke, Wegzeichen? Ja – das alles. Und Erlebnisse, die mir aufschreibenswert erscheinen.

Vor vier Jahren hat mir eine Freundin ein 5-Jahres-Tagebuch geschenkt. Nur wenige Zeilen pro Tag, fünf Jahre auf einer Seite. Inzwischen kann ich mich dadurch erinnern, was mich in den Jahren zuvor bewegt, gefreut und manchmal auch belastet hat. Anfangs musste ich mich disziplinieren, um das Tagebuchschreiben nicht zu vergessen. Inzwischen ist es zum festen Ritual und einem wertvollen Fundus geworden. Ich kann im Rückblick erkennen, wie ich an manchem Schweren gereift bin und dass Gott immer wieder meine Gebete erhört hat.

Das Pilgerbüchlein ist inzwischen ebenfalls ein besonderer Schatz. Meine Weg-Gedanken sind voller mutmachender Klarheit, die mir im Alltag oft verloren geht.

Wer schreibt, der bleibt, war ursprünglich ein scherzhafter Ausspruch in der Welt des Kartenspiels. Die anderen Spieler unterstellten dem, der gerade die Punkte aufschrieb, Schummelei: Wer (die Punkte auf-)schreibt, der bleibt (im Spiel).

Alles Aufgeschriebene bleibt besser im Gedächtnis. Vielleicht finden wir im Alten Testament deshalb oft die Anweisung Gottes, seine Worte aufzuschreiben. Die Zehn Gebote hat Gott sogar höchstpersönlich in Steintafeln geschrieben. Diese Regeln gelten bis heute als Richtschnur für ein gelingendes Leben. Sie wirken deshalb sogar weiter in den Verfassungen freiheitlicher Staaten, auch wenn uns das nicht immer bewusst ist.

Hast du Lust, ein Tagebuch zu beginnen? Kopiervorlage folgt.

Fünf Jahre gute Gedanken am _____

202_ :

202_ :

202_ :

202_ :

202_ :

=Kilometer 11=
Verlaufen

Schon lange habe ich kein Wanderzeichen mehr gesehen.

Mir kommen ernsthafte Zweifel, ob ich noch richtig bin. Fragen kann ich leider niemanden, seit mehr als einer Stunde ist mir kein Mensch begegnet. Ich wandere heute durch ein einsames Waldgebiet am Rand eines Truppenübungsplatzes.

Glücklicherweise liegt ein Stapel langer Holzstämme am Wegrand, einladend für eine Rast im Schatten. Und eine Klärung meines Standorts.

Tatsächlich: Ich habe eine Abzweigung verpasst. Wie ärgerlich, das bedeutet mindestens vier zusätzliche Tageskilometer. Dabei ist meine heutige Etappe schon nahe am Maximum dessen, was ich erfahrungsgemäß schmerzfrei leisten kann.

Ich bleibe erstmal frustriert auf den Stämmen sitzen und genehmige mir eine Handvoll Studentenfutter, während ich die Wanderkarte studiere.

Wohin führt eigentlich der falsche Weg? Ich sehe das Symbol „Schöne Aussicht" nicht weit entfernt, wo der Wald in freies Gelände übergeht. Daneben zweigt ein Pfad ab, der nach einer Weile wieder auf meine ursprüngliche Markierung trifft. Das wäre nicht viel länger zu laufen, als umzukehren. Soll ich das kleine Abenteuer wagen? In mir streitet die spontane Neugierde auf die schöne Aussicht mit dem als „Vernunft" getarnten Sicherheitsdenken. „Geh lieber zurück bis zur Abzweigung – wer weiß, ob du dich nicht noch einmal verläufst. Vielleicht ist die Wanderkarte veraltet und den Pfad gibt es gar nicht mehr."

Zu spät, ich höre nicht auf die Bedenkenträgerin in meinem Kopf. Ich habe schon den Hüftgurt des Rucksacks geschlossen und laufe weiter. Kurz darauf belohnt mich eine wunderbare weite Aussicht bis zum Oberpfälzer Wald am Horizont. Den Pfad gibt es noch, er ist sogar mit meinem Etappenziel beschildert.

Am Abend notiere ich in mein Heftchen: 1. Mehr Mut zu Umwegen, sie sind manchmal voller guter Überraschungen! 2. Je länger du in die falsche Richtung gehst, desto anstrengender ist der Rückweg! 3. Pass besser auf die Zeichen auf!

Das gilt nicht nur für Wanderungen, finde ich.

WEGZEiCHEN

*Abenteuer ohne Risiko
ist Disneyland.*

Douglas Coupland,
kanadischer Schriftsteller (*1961)

KILOMETER 12
FASTENZEIT IST SCHLEMMERZEIT

Die Advents- und Weihnachtszeit ist Schlemmerzeit – zumindest, wenn man die Auslagen der Supermärkte betrachtet. Außerdem finden viele Weihnachtsfeiern mit Festessen statt und vor den Buden am Weihnachtsmarkt duftet es köstlich. Kein Wunder, dass viele gute Vorsätze ab dem neuen Jahr mit der Reduzierung von Körpergewicht zu tun haben.

Doch in der christlichen Tradition waren die Adventswochen Fastenzeit. Sie begann nach dem 11. November. Am Martinstag konnte man sich noch einmal an allen nicht fastentauglichen Speisen gütlich tun. Alles schnell Verderbliche wurde aufgefuttert. Die vorweihnachtliche Buß- und Fastenzeit betrug anfangs also 40 Tage mit sechs Sonntagen. In den orthodoxen Ostkirchen ist das bis heute so. Warum wir nur noch vier Adventssonntage haben, ist eine interessante Geschichte, die dir bei Kilometer 21 begegnen wird.

Fasten ausgerechnet in der Adventszeit? Verzichten, sich zurückhalten – zu was soll das nütze sein?

Man sollte nicht nur Mahlzeiten oder etwas anderes weglassen, sondern die dadurch gewonnene Zeit sinnvoll füllen. Es heißt ja auch „Bußzeit". Mit Buße bringen wir meistens Bestrafung in Verbindung. Doch die Urbedeutung des Wortes ist ebenfalls „ausbessern, in Ordnung bringen".

Wir könnten also in dieser gewonnenen Zeit überlegen, was in unserem Leben danach ruft, in Ordnung gebracht zu werden.

Außerdem denke ich, schlemmen und fasten gehören zusammen. Wer das eine nicht kennt, kann das andere nicht genießen. Das Fasten genießen? Das konnte ich nicht glauben, bis ich es in einer Klinik ausprobierte. Die ersten Mahlzeiten nach dem Fastenbrechen haben gigantisch intensiv geschmeckt.

Ich habe gelernt: Wenn man immer schlemmt, weicht die Intensität des Genusses. Wenn man sich nie um seine ausbesserungswürdigen Stellen kümmert, kommt das Leben ziemlich in Unordnung.

Einfache Brotsuppe zum Schlemmen, 4 Portionen

- 200 g altbackenes Brot
- 2 Zwiebeln
- 1 Knoblauchzehe
- 100 g Bauchspeck in Würfeln (kann man auch weglassen oder durch bissfest gegartes Gemüse ersetzen)
- 40 g Butter
- 1 Liter Gemüsebrühe
- Majoran, Kümmel, Pfeffer, Salz
- Frische Kräuter, Petersilie, Schnittlauch …

Zuerst das Brot in Würfel schneiden und in der Hälfte der Butter bräunen, dann auf 4 Teller verteilen. In der restlichen Butter kleingeschnittene Zwiebeln und Knoblauch anschwitzen und Bauchspeck dazu geben und leicht bräunen.

Die Brühe erhitzen, mit Majoran und anderen Gewürzen abschmecken. Die Brühe in die Teller verteilen, Zwiebel-Speckgemisch darüber geben und zum Schluss frische gehackte Kräuter darüberstreuen.

> **Was nützt der Verzicht auf Fisch und Fleisch, wenn wir dafür unseren Nächsten beißen und fressen?**
> Johannes Chrysostomos, Patriarch von Konstantinopel (um 349–407)

= KILOMETER 13 =
SETZ DICH UNTER EINEN
BAUM UND ZEICHNE!

Greensketching heißt ein neuer Hobbytrend, der von der britischen Künstlerin Ali Foxon erfunden wurde.

Eigentlich nichts Neues – fast alle bekannten Malerinnen und Maler haben auch draußen in der Natur gearbeitet.

Der Unterschied liegt darin, dass man beim Greensketching kein Künstler sein muss. Es ist völlig egal, wie perfekt man zeichnen kann, denn das Ziel ist nicht, ausstellungsreife Werke zu fabrizieren. Man lernt, die Natur genau zu beobachten und das, was einen persönlich berührt, auf einem Blatt Papier auszudrücken. Natürlich braucht man das Ergebnis keinem Menschen zu zeigen, wenn man nicht will. Dabei kommt man automatisch zur Ruhe und lernt entspannt, die Natur ganz neu zu genießen.

Zuerst war ich skeptisch. Das Wort „zeichnen" konnte ich aufgrund meiner Schulzeit nicht mit Entspannung und Wohlbefinden assoziieren. Ich habe in der Oberstufe Kunsterziehung mit Kusshand gegen einen Grundkurs Literatur eingetauscht. Ali Foxon schreibt, vielen Erwachsenen sei in ihrer Schulzeit vermittelt worden, dass sie zeichnerisch unbegabt seien. Deshalb wurde ihnen der Spaß an der Sache verdorben. Doch mit Greensketching kann man darüber hinwegkommen.

Ich habe mich darauf eingelassen, es funktioniert tatsächlich. Man kann Zeit und Raum um sich herum vergessen und entdeckt wunderbare Details, die einem sonst nie aufgefallen wären. Verschnaufpausen beim Wandern finde ich dafür ideal.

Im Winter sind Zeichenaktionen im Freien schwieriger umzusetzen. Man kann jedoch genauso gut mit einer Pflanze im gemütlich warmen Wohnzimmer beginnen. Hast du schon einmal eine Amaryllisblüte oder einen Tannenzweig in Ruhe betrachtet?

Greensketching im Winter

Pflanze oder Blüte, Papier und Stifte bereitlegen und dann einfach anfangen. 20 Minuten reichen vollkommen. Und nicht vergessen: Du musst niemandem dein Ergebnis zeigen. Wichtig ist, genau hinzuschauen und Details zu entdecken.

Buchtipp:
Ali Foxon, Setz dich unter einen Baum und zeichne! Das Greensketching-Buch. Einfach zeichnen lernen und entspannen in der Natur. Knaur, München 2022.

= KILOMETER 14 =
WENN'S ANSTRENGEND WIRD, GEH LANGSAMER

Es ist ein Unterschied, ob dein Wanderweg gemütlich geradeaus geht oder ob etliche Höhenmeter auf einem rutschigen Pfad vor dir liegen.

Mit der Zeit lernt man, seine Kräfte einzuteilen, wenn man so wie ich nicht gerade vor körperlicher Fitness strotzt. Werden die Beine müde, lässt auch die Konzentration und damit die Trittsicherheit nach. Das kann unangenehme Folgen haben. Es reicht vollkommen, „nur" umzuknicken oder sich beim Stolpern etwas zu zerren.

Wenn der Weg anspruchsvoll wird, also lieber einen Gang zurückschalten.

Es kann dir dann passieren, dass du dauernd überholt wirst. Ich habe gelernt, trotzdem bei meinem für mich guten Tempo zu bleiben. Grüßen die Sportlicheren mich freundlich, antworte ich manchmal mit dem Zusatz, dass auch die Schnecke rechtzeitig die Arche Noah erreichte.

Ich denke heute an die hochschwangere Maria, die mit Josef den Weg von Nazareth über die Berge nach Bethlehem ging. Eine Strecke von etwa 140 Kilometern durch teilweise unwegsames steiniges Gelände. Möglicherweise hatten sie einen Esel dabei, der das Gepäck und Maria ab und zu tragen konnte. Doch wer von uns eine Schwangerschaft hinter sich hat, weiß, wie beschwerlich die Reise gewesen sein muss. Wahrscheinlich gingen Josef und Maria deshalb einen Schritt langsamer als andere. Zur Volkszählung kamen viele Menschen in ihre Heimatstadt Bethlehem und so waren die regulären Unterkünfte schon besetzt, als die beiden endlich eintrafen. Interessantes zum Thema Geburt im Stall werde ich dir übrigens bei Kilometer 22 verraten.

Maria und Josef kamen jedoch weder zur Volkszählung noch zum ersten Heiligabend zu spät.

In der Bibel ist nicht die Rede davon, dass jemand, dem Gott den Weg zur Krippe gezeigt hatte, zu spät kam. Weder die Hirten noch die drei Weisen aus dem Morgenland.

Auch wir können unser Lebenstempo nach den Anforderungen des Weges richten. Wir müssen uns nicht hetzen. Gott kann sich unserer Geschwindigkeit problemlos anpassen.

Verschnaufpause mit 10 Schritten rückwärts

Diese Übung für innere Balance und Trittsicherheit funktioniert drinnen und draußen. Nur wertvolle oder gefährliche Gegenstände sollten nicht im Weg stehen.

Nimm einen Standpunkt mit ausreichend Platz ein. Schau dir deine Umgebung genau an. Dreh dich um und schließe die Augen. Wenn du bereit bist, gehe sehr langsam Schritt für Schritt rückwärts. Konzentriere dich auf die Berührung deiner Füße mit dem Boden. Nach den 10 Schritten bleibe stehen und atme dreimal tief ein und aus. Dann öffne die Augen, schüttle Arme und Beine ein wenig aus und starte vergnügt in den restlichen Tag.

= KILOMETER 15 =
BLINDE BETTLER AM WEG

Blinde, Schwerhörige, Versehrte, halbnackte Bettelkinder – solche Figuren sind nur noch auf Traditionskrippen in Ausstellungen zu sehen.

Heutzutage soll die weihnachtliche Idylle nicht durch die Erinnerung an Krankheit und Leid gestört werden.

In früheren Jahrhunderten sah man das anders. Die weit überwiegende Mehrheit der Menschen lebte nicht unter privilegierten Bedingungen. Krankheit, Behinderung, Armut gehörten zum Alltag. Die Menschen waren sich bewusst, wie schnell sie ein Unglück treffen konnte.

Die Figurengruppe aus dem 18. Jahrhundert in der Krippenausstellung des Bayerischen Nationalmuseums macht mich nachdenklich. Ein blinder Mann mit seinen Kindern; die Muskeln an seinem Körper zeigen, dass er vor Kurzem noch zu schwerer Arbeit fähig war und seine Familie ernähren konnte. Heute haben ihn seine vier Kinder an die Straße nach Bethlehem geführt. Dort hoffen sie auf Almosen von mitfühlenden Menschen. Ohne die werden sie verhungern.

Vermutlich werden die Kinder von den vorbeiziehenden Reisenden etwas geschenkt bekommen.

Doch spätestens nach ein paar Tagen müssen sie wieder betteln, solange sie selbst kein Geld verdienen können.

Etwa dreißig Jahre später wird ein Rabbi namens Jesus diese Straße entlangkommen. Wieder werden von Krankheit und Not gezeichnete Menschen am Weg sitzen und sich Hilfe erhoffen. Jesus wird viele gesund machen, damit sie sich selbst helfen können. Und er wird allen dadurch die Liebe seines himmlischen Vaters zeigen.

Ich glaube, der Krippenschnitzer lässt uns durch seine Figuren zweierlei sagen:

Zuerst, dass wir die Notleidenden unserer Welt auch außerhalb der Adventszeit nicht ignorieren sollen. Sie sind auf unsere Hilfe angewiesen. Und wie schnell könnten wir selbst in Not geraten!

Außerdem dürfen wir nicht vergessen, wer wirklich unsere große Heilung an Leib und Seele bewirken kann. Deshalb heißt Jesus ja auch der Heiland.

Eine Nachdenk-Geschichte

Sie war sehr fromm und in ihrer Kirchengemeinde hochgeachtet. "Gott", betete sie eines Tages, "ich besuche dich jeden Sonntag hier in der Kirche, aber du hast mich noch nie zu Hause besucht." Ihr war es, wie wenn eine leise Stimme sagte: "Danke für die Einladung. Ich komme dich morgen gerne besuchen."

Am nächsten Tag stand sie früh auf und backte extra einen leckeren Kuchen. Dann wartete sie aufgeregt. Vormittags klingelte es an der Tür. Ein kleiner Junge aus der Nachbarschaft stand da. "Bei dir riecht es sooo gut nach Schokoladenkuchen. Hast du nicht ein kleines Stück übrig für mich?" "Heute nicht, mein Junge, ich bekomme gleich Besuch." Sie schloss die Haustür und der Junge trollte sich traurig davon.

Am frühen Nachmittag wurde sie unruhig. Zum Mittagessen war Gott nicht erschienen, vielleicht würde er ja zum Kaffeetrinken kommen. Kurz vor zwei klingelte es an der Tür. Endlich.

Im Flur stand die neue Mieterin, die in die Wohnung über ihr eingezogen war, mit einem Blumenstrauß. Eine Ukrainerin, die kaum Deutsch sprach. Gestenreich versuchte sie ihr zu erklären, dass sie gerade überhaupt keine Zeit hatte, weil gleich wichtiger Besuch käme. Irritiert drückte ihr die Ukrainerin den Blumenstrauß in die Hand und ging die Haustreppe wieder nach oben.

Sie wartete und wartete, doch Gott kam nicht. Am folgenden Sonntag in der Kirche betete sie vorwurfsvoll: „Warum bist du nicht zu mir nach Hause gekommen, Gott? Du hast es doch versprochen."

„Aber ich war doch da, meine Liebe. Zweimal habe ich es versucht. Beim zweiten Besuch habe ich dir sogar Blumen mitgebracht. Aber du hattest leider keine Zeit für mich, weil du auf jemand Wichtigen gewartet hast."

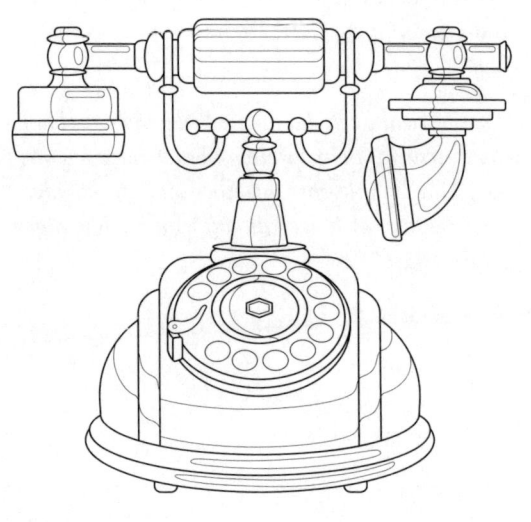

KILOMETER 16
HIMMELSTELEFON

In Speyer auf dem Weihnachtsmarkt vor dem Dom steht eine blaue Telefonzelle. An der Tür hängt ein Schild: *„Hier kann ihr Kind direkt mit dem Christkind sprechen und seine geheimen Wünsche äußern. Bitte Vornamen und Alter des Kindes nennen."* Ein weiterer Aufkleber nennt die Sprechzeiten: *„Mo bis Fr 15–17 Uhr nimmt das Christkind Anrufe entgegen."*

Die örtliche Tageszeitung schreibt, dass der Anteil der erfüllten Wünsche recht hoch sein soll. Ich vermute, das liegt an den mithörenden Eltern. Manche Wünsche werden jedoch nicht erfüllt, können vielleicht gar nicht erfüllt werden. Doch egal, was dann letztendlich unter dem Weihnachtsbaum liegt, es wird dem Christkind in die Schuhe geschoben. Trotzdem erkennen alle Kinder früher oder später, dass ihre Eltern oder Großeltern hinter den Geschenken stecken. So mutiert das „Christkind" leider zu einer Märchenfigur wie der Weihnachtsmann.

Wenn man älter wird, erfährt man, dass das Christkind genaugenommen Jesus Christus heißt. Man kann mit ihm reden, völlig ohne Himmelstelefon und feste Sprechzeiten. Er ist keine Märchenfigur, sondern der lebendige Sohn Gottes, der uns seine Freundinnen und Freunde nennen möchte. Natürlich kann man Jesus auch alle seine Wünsche durchgeben.

Aber mal ganz ehrlich: Wie wäre das für dich, wenn deine Freundin immer nur anruft, wenn sie etwas braucht, und du alles stehen und liegen lassen sollst, um ihr sofort zur Hilfe zu eilen? Sie fragt dich nie, wie es dir geht, interessiert sich nicht für deine Ansichten und vergisst meistens, sich bei dir zu bedanken. Den meisten Menschen ist klar, dass man so keine gute freundschaftliche Beziehung aufbauen kann.

Wenn du Lust hast, zum Himmelstelefon zu greifen und dich mit dem Christkind nicht nur über deine Wünsche zu unterhalten, habe ich auf den nächsten Seiten ein paar Gesprächs-Inspirationen.

Gesprächsnotiz

Hallo Jesus, wie geht's dir eigentlich so?
Du, ich hab mich total gefreut über

_____

Danke übrigens für _____

weil _____

Ich bin froh, dass

_____

Aber da gibt es etwas, dass mir Angst macht/mich ärgert/wo ich nicht weiß, wie ich mich entscheiden soll. Ich erkläre es dir:

_____
_____
_____

Sag mal, was würdest du an meiner Stelle tun?
Darf ich dich noch um etwas bitten?

_____
_____

Ich weiß ja, dass du dich damit besser auskennst als ich. Mach, wie du es für gut hältst, und danke, dass du dich darum kümmerst.
Tschüss, Jesus, bis zum nächsten Mal.

= KILOMETER 17 =
NIX, ABSOLUT NIX!

Die meisten Menschen kaufen in der Adventszeit Geschenke. Das Weihnachtsgeschäft ist ein echter Wirtschaftsfaktor. Die Geschenke-Klassiker sind immer noch Bücher, Parfüm, Spielwaren, Süßigkeiten und andere Genussmittel. Darüber scheinen sich viele Menschen zu freuen. Und natürlich über Gutscheine. Dann kann sich der Beschenkte selbst das Passende aussuchen.

Machst du es wie ich und fragst im Vorfeld nach speziellen Wünschen? Vielleicht hast du dann auch schon die Antwort: „Nichts!" bekommen.

Ich kenne die Varianten „eigentlich nix" und „absolut nix". Mehr oder weniger grimmig vorgetragen, manchmal mit der Bemerkung, dass man Gesundheit und andere wichtige Dinge sowieso nicht kaufen kann. Ich habe bisher noch nicht gewagt, das wörtlich zu nehmen, sondern mir den Kopf zerbrochen, wie ich diesen Menschen trotzdem eine Freude bereiten kann. Meistens wurde mein Geschenk dann gerne entgegengenommen mit der wohlwollenden Bemerkung: „Das hätte es nicht gebraucht."

Neulich habe ich in einem Laden Geschenkverpackungen entdeckt mit der Aufschrift: „Wie du es dir gewünscht hast: NICHTS! Herzlichen Glückwunsch". Ich gebe zu, seitdem ist die Versuchung groß, dieses Jahr an Weihnachten solche Wünsche wahr werden zu lassen.

Ist es nicht schade, wenn man sich nichts schenken lassen kann? Ich meine, wirklich geschenkt, ohne an ein gleichwertiges Gegengeschenk zu denken.

Die allerwichtigste Sache kann man tatsächlich nicht kaufen. Man kann sie sich auch nicht erarbeiten. Den Himmel kann man sich nur schenken lassen. Das macht Gottes Gnade für viele Erwachsene so schwer annehmbar. Kinder haben normalerweise kein Problem damit, sich beschenken zu lassen. Ganz im Gegenteil. Vielleicht gibt uns Jesus deshalb diesen Denkanstoß:

Ich versichere euch: Wenn ihr euch nicht ändert und so werdet wie die Kinder, kommt ihr ganz sicher nicht in Gottes himmlisches Reich.

Wie wäre es, wenn wir uns an diesem Weihnachten freudig wie ein Kind beschenken lassen?

BESCHENKT

*Man liebt den anderen nicht,
wenn man sich nichts
von ihm schenken lassen will.*

Sprichwort aus Nigeria

KILOMETER 18
INNEHALTEN – ANHALTEN

Beim Laufen sind meine Füße da, wo sie auftreten, also in der Gegenwart. Mein Kopf denkt auf den ersten Kilometern oft noch an vergangene Ereignisse oder schon an zukünftige Aufgaben. Ich bin sozusagen in einer Schieflage – Kopf und Füße sind nicht im Lot. Und genauso fühle ich mich.

Das gleichmäßige Dahintrotten hilft mir nach und nach, wahrzunehmen, was gerade ist: Die Umgebung – schöne Natur oder ein ödes Industriegebiet –, den Rucksack, meinen Atem, Wind im Gesicht, die Sonnenwärme auf der Haut. Ich bin gleichzeitig von tiefer Ruhe erfüllt und hellwach. Diese wohltuende Erfahrung kennen viele Pilgerinnen und Weitwanderer. Der achtsame Zustand ist jedoch kein Selbstläufer, sondern eine immer neue Bereitschaft, sich dem Moment hinzugeben. Innezuhalten. Vor allem auch anzuhalten. Wäre ich nicht stehengeblieben, hätte ich die farbenprächtigen Schmetterlinge auf den Disteln nicht wahrgenommen.

Anhalten und Innehalten kann man prima von Jesus lernen. Hätte Jesus nicht angehalten, wäre Bartimäus blind geblieben und die an Blutungen leidende Frau nicht gesund. Aus dem Zöllner Levi wäre nicht der Evangelist Matthäus geworden. Mütter wären mit ihren kleinen Kindern enttäuscht und ohne Segen wieder nach Hause gegangen.

Jesus war achtsam, er wusste, dass er Zeit genug hatte, alles zu tun, was der Wunsch seines Vaters war. Den Jüngern hat das oftmals nicht gepasst, die waren eher so wie wir: voller eigener To-do-Listen und Pläne, was Jesus ihrer Meinung nach noch zu erledigen hätte.

Wir haben ebenfalls genügend Lebenszeit für alles, was in Gottes Augen gut und wichtig ist. Dazu gehören auch Muße, Erholung und Dinge, die das Herz erfreuen. Wir müssen nicht wie wild durchs Leben hetzen.

Magst du heute einmal innehalten und ganz im Moment ankommen?

Vielleicht kann dir die Anleitung auf den nächsten Seiten dabei nützlich sein.

Achtsam atmen

Für diese Übung brauchst du 3 Minuten und einen Raum, in dem dich niemand stört, mit einem Fenster nach draußen. Vor dem Fenster sollte sich eine möglichst ruhige Umgebung mit frischer Luft befinden. Du kannst die Übung jederzeit auch in einem Park oder irgendwo in der Natur durchführen.

Stell dich vor das geöffnete Fenster und schließe die Augen. Atme dreimal langsam tief ein und aus. Spürst du, wie sich dein Bauch vor und zurück bewegt? Komme zu deiner normalen Atmung zurück. Konzentriere dich auf deinen natürlichen Atemfluss, ohne ihn beeinflussen zu wollen. Spüre der frischen kühlen Luft bewusst nach, wie sie durch deine Nase in deinen Körper strömt und ihn dann wieder verlässt. Sollten deine Gedanken abschweifen, ist das nicht schlimm. Nimm es zur Kenntnis und bringe die Konzentration zurück zu deinem Atem. Du kannst dir für die Übung einen leisen Timer stellen oder sie so lange durchführen, wie es dir guttut. Am Ende öffne langsam die Augen, räkle und strecke dich und nimm das erfrischte Gefühl mit in deinen restlichen Tag.

⇒ KILOMETER 19 ⇐
GEWÖHN DICH AN ANDERS!

Leise rieselt der Schnee – als dieses bekannte Adventslied um 1895 gedichtet wurde, da rieselte alljährlich eine weit größere Menge Schnee vom Himmel als heutzutage.

Im letzten Winter haben wir die Schneeschaufel nur an wenigen Tagen benutzt. Ich weiß nicht, wie es dir geht, aber ich vermisse diese krachkalten sonnigen Wintertage mit Glitzerschnee. Autoscheiben abkratzen und Glatteis würde ich hingegen nicht hinterherweinen. Doch dafür reicht die Winterwetterlage leider noch aus.

Auch beim Kalender-Kauf ist alles anders. Plötzlich gibt es ihn nicht mehr, meinen Lieblingskalender, der mich seit Jahren durchs Leben begleitete. Und was mache ich jetzt mit dem Fleck an meiner Küchenwand, der bisher dezent von Alpenpanoramen überdeckt wurde?

Es gibt wirklich eine große Auswahl an Kalendern hier im Geschäft. Leider haben alle Bergkalender ein anderes Format. Entweder so, dass sie nicht in die Lücke zwischen Schrank und Tür passen, oder kleiner, was in puncto Fleck nichts nützt. Da taucht mein Mann neben mir auf. Freudestrahlend. „Guck mal, der passt perfekt. Und er hat sogar jede Woche ein anderes Motiv, nicht nur einmal im Monat." Dampfloks, Dieselloks, Elektroloks in verschiedenen Farben, rassig in Szene gesetzt, das muss ich zugeben. Immerhin sind auf einigen Blättern Berge im Hintergrund zu erahnen. Auch in unserer Küche gilt nun: Es ist nicht mehr so, wie es war.

Manchmal heißt es Abschied nehmen von alten Gewohnheiten.

Durch „The Chosen", eine neue sehenswerte Serie über das Leben von Jesus, ist mir da ein Licht aufgegangen. „Gewöhn dich an anders!", sagt Jesus freundlich, aber bestimmt zu Simon Petrus, als dieser protestiert, weil Jesus sich bei dem Steuereintreiber Matthäus zum Abendessen einlädt. Petrus kann es nicht fassen, dass Jesus diesen verhassten Sünder, der gemeinsame Sache mit den römischen Besatzern machte, in den Kreis der Jünger aufnimmt.

Gewöhn dich an anders! Warum eigentlich nicht?

Adventslied 1895

Leise rieselt der Schnee,
Still und starr liegt der See,
Weihnachtlich glänzet der Wald:
Freue dich, Christkind kommt bald.

In den Herzen ist's warm,
Still schweigt Kummer und Harm,
Sorge des Lebens verhallt:
Freue dich, Christkind kommt bald.

Bald ist heilige Nacht;
Chor der Engel erwacht;
Horch' nur, wie lieblich es schallt:
Freue dich, Christkind kommt bald.

Adventslied 202x

Leider rieselt kein Schnee,
Föhnwind über dem See,
früher wuchs hier mal Wald.
Trotzdem: Christkind kommt bald.

In den Herzen ist's leer,
Hoffnung haben fällt schwer.
Wo nur finden wir Halt?
Deswegen: Christkind kommt bald.

Bald ist heilige Nacht,
dem Bösen wird ein Ende gemacht.
Aus ist's mit Krieg und Gewalt.
Freue dich, Jesus kommt bald.

Adventslied 1895, Original: Pfarrer Eduard Ebel (1839–1905), nach einer alten Volksweise

Adventslied 202x: Sabine Dittrich, nach einer uralten Volksweise

⇒ KILOMETER 20 ⇐
WEGLÄUFERIN

Bin ich eine Pilgerin oder nur eine Weitwanderin? Diese Frage beschäftigte mich während einer langen anstrengenden Etappe in der Oberpfalz.

Mein Wegzeichen ist nicht die gelbe Jakobsmuschel auf blauem Grund, sondern heute die ockerfarbene geschwungene Linie des Goldsteigs. Ab morgen wird mich das grüne Kreuz des Naab-Vils-Weges ein Stück begleiten. Am Truppenübungsplatz entlang muss ich dann ohne Markierung zurechtkommen.

Mein Ziel für diese Woche ist kein berühmter Wallfahrtsort, sondern der Hauptbahnhof von Amberg. Ich will auch nichts büßen oder eine gravierende Lebensentscheidung treffen. Ich bin ja nicht mal darauf aus, mich selbst zu treffen.

Ich will nur weg. Weit weg. Eine nervenaufreibende Situation hinter mir lassen, wenigstens für ein paar Tage. Also bin ich eine Wegläuferin?

Dieses Wort gefällt mir. Verse aus Psalm 139 kommen mir in den Sinn:

Nähme ich Flügel der Morgenröte und bliebe am äußersten Meer, so würde auch dort deine Hand mich führen und deine Rechte mich halten.

Ich laufe meinen ganz eigenen Weg. Ob das jetzt ein Pilgerweg ist oder nicht, ist völlig egal. Wichtig ist nur, dass ich mich geborgen weiß. Gott sieht mich. Er kennt mich. Er weiß, wovor ich weglaufe und wo ich hinlaufen werde. Und er geht mit mir. Er wird auch mit mir zurückkehren in ein paar Tagen. Dort wird sich vermutlich nichts verändert haben. Aber ich werde nicht mehr dieselbe sein. Erfrischt kann ich die nächsten Monate bestreiten, bis ich wieder weglaufen werde auf meinem ganz persönlichen Weg.

Verse aus Psalm 139

HERR, du erforschest mich und kennest mich.

Ich sitze oder stehe auf, so weißt du es; du verstehst meine Gedanken von ferne.

Ich gehe oder liege, so bist du um mich und siehst alle meine Wege.

Denn siehe, es ist kein Wort auf meiner Zunge, das du, HERR, nicht alles wüsstest. Von allen Seiten umgibst du mich und hältst deine Hand über mir.

Diese Erkenntnis ist mir zu wunderbar und zu hoch, ich kann sie nicht begreifen.

Wohin soll ich gehen vor deinem Geist, und wohin soll ich fliehen vor deinem Angesicht?

Führe ich gen Himmel, so bist du da; bettete ich mich bei den Toten, siehe, so bist du auch da.

Nähme ich Flügel der Morgenröte und bliebe am äußersten Meer, so würde auch dort deine Hand mich führen und deine Rechte mich halten.

Erforsche mich, Gott, und erkenne mein Herz; prüfe mich und erkenne, wie ich's meine. Und sieh, ob ich auf bösem Wege bin, und leite mich auf ewigem Wege.

KILOMETER 21
WARUM AUSGERECHNET VIER ADVENTSSONNTAGE?

Das Weihnachtsfest wurde in der Kirche erst ab dem 4. Jahrhundert gefeiert. Die vorbereitende Adventszeit war damals eine 40-tätige Buß- und Fastenzeit und umfasste also sechs Sonntage. Doch daran hielt man sich nicht überall. In manchen Gegenden verkürzte man sie auf vier Wochen. Papst Gregor der Große (590–604) brachte dann Ordnung in das Durcheinander und legte vier Adventssonntage fest.

Warum vier? Man dachte damals, dass zwischen dem Sündenfall von Adam und Eva und der Geburt Jesu 4.000 Jahre vergangen wären: also symbolisch für je 1.000 Jahre ein Adventssonntag.

Doch es gab noch ein weiteres Problem, das für Kuddelmuddel in der damaligen Kirche sorgte. Was, wenn der 24. Dezember auf einen Sonntag fällt? Ist er dann gleichzeitig der vierte Advent? Oder wird der eine Woche vorher gefeiert?

Weil darüber in den verschiedenen Regionen wieder gestritten und unterschiedlich gefeiert wurde, berief der deutsche Kaiser Konrad II. im Jahr 1038 eine Synode ein, die sich für die kürzere

Variante entschied. Seit damals ist die Adventszeit in der Westkirche so geregelt, wie wir es heute kennen. Der erste Advent ist frühestens am 27. November und spätestens am 3. Dezember. Der Heiligabend kann gleichzeitig der vierte Advent sein.

Ich bin froh über die gesetzlichen Feiertage und arbeitsfreien Sonntage, an denen die meisten Menschen frei haben. Das ist wichtiger Kitt für die Familien und für das ganze gesellschaftliche Leben. Ich weiß, wovon ich rede: Ein gemeinsames Essen an Weihnachten mit zwei Schichtarbeitern in der Familie zu organisieren, ist gar nicht so einfach …

*Wenn deine Seele keinen Sonntag hat,
dann verdorrt sie.*

Albert Schweitzer,
Arzt und Forscher (1875–1965)

⇒ KILOMETER 22 ⇐
MYTHOS STALL?

Wer kennt nicht die rührenden Geschichten um den bösen Wirt und Jesu Geburt im Stall? Diese nähren sich aus der Übertragung des Urtextes der Bibel in die Lebenswelt europäischer Menschen und alten Legenden über die Geburt und Kindheit Jesu.

Im Lukasevangelium steht der Satz: Und sie legte ihn in eine Krippe, weil in der Herberge kein Platz für sie war. Das griechische Wort *katalyma*, das hier mit Herberge übersetzt wird, meint ursprünglich keine kommerzielle Herberge, sondern bedeutet so etwas wie „Unterkunft, Bleibe".

Betrachten wir den Bericht vor einem orientalischen Kultur-Hintergrund: Josef hatte vermutlich viele Verwandte in seinem Heimatort Bethlehem. Er benötigte keine kommerzielle Herberge, denn das Gebot der Gastfreundschaft öffnete ihm und seiner hochschwangeren Frau die Türen. Für Gäste gab es in den Häusern entweder einen Raum bei der Dachterrasse oder einen Anbau. Diese katalyma = Bleibe seiner Verwandten war schon besetzt.

Im vorderen Bereich der orientalischen Einraumhäuser lag der Stall, dahinter erhöht der

Wohnraum, dazwischen in den Boden eingelassene Mulden als Futterkrippen. Alle rückten im Wohnraum zusammen und der neugeborene Jesus bekam in einer der Futterkrippen sein Bettchen. Ochs, Esel und Schafe können wir also getrost neben Jesus stehen lassen.

Das erklärt auch, warum der andere Evangelist Matthäus schreibt: Als sie – die Weisen aus dem Morgenland – den Stern sahen, wurden sie hocherfreut und gingen in das Haus und sahen das Kindlein ... Jetzt ist auf einmal klar von einem Haus die Rede.

Die Hirten hätten niemals den neugeborenen Retter und seine Eltern in einem zugigen Stall im Stich gelassen. Das hätte nach ihrem Verständnis Sünde über sie und Schande über das Dorf gebracht. Doch die Hirten lobten Gott für alles, was sie gesehen hatten. Also waren sie auch mit der Unterbringung von Jesus zufrieden und hätten ihm keine bessere bieten können.

Buchtipp

Timothy J. Geddert,
Das immer wieder Neue Testament.
Neufeld, Cuxhaven 2021

Im Kapitel „Neue Lektionen aus der Weihnachtsgeschichte" entfaltet der Autor auch diesen Aspekt, der nicht etwa zeigt, wie Jesus abgelehnt wurde, sondern dass er von einfachen Menschen aufgenommen wurde.

= KILOMETER 23 =
WEIHNACHTSFRIEDEN?

Das Weihnachtsevangelium berichtet die Verkündigungsworte der Engel an die Hirten. Sie enden mit: *Ehre sei Gott in der Höhe und Friede auf Erden bei den Menschen seines Wohlgefallens.*

Friede auf Erden – wäre das schön! Leider sieht die Realität anders aus. Auch zu Jesu Lebenszeit war es nicht besser. Seit Menschengedenken gibt es Konflikte und Kriege rund um den Erdball.

Ist das dann bloß ein frommer Wunsch? Und wenn nicht: Was ist mit Frieden gemeint? Nur die Abwesenheit eines aktiven Krieges? Ich bin im „kalten Krieg" aufgewachsen. Es wurde nicht offiziell geschossen in Europa, aber Frieden war das definitiv nicht.

Im Moment begegnet mir das Wort „kriegstüchtig" viel öfter als „friedensfähig". Im kalten Krieg war nur von „Verteidigungsfähigkeit" unserer Nation die Rede. Vielleicht liegt es an meiner Schriftstellerei, dass ich mit Wortbedeutungen empfindlich bin. Gesprochene Worte haben Kraft, sie ändern erst die Wahrnehmung und dann die gelebte Realität. Shifting baselines heißt der wissenschaftliche Begriff für diesen Vorgang. Wollen wir wirklich zulassen, dass das Wort „kriegstüchtig" unreflektiert seine Bedeutung entfalten darf?

Ich glaube, es geht beim weihnachtlichen Friedenswunsch des Engels um viel mehr. Wenn wir Jesus glauben, können wir Frieden mit Gott haben. Die Beziehung zu Jesus weckt in uns den Ehrgeiz, friedfertig wie er zu sein. Nein, sie macht uns nicht konfliktscheu! Wir werden nur fähiger, Konflikte so auszutragen, dass wir keinen Krieg mit unserem Mitmenschen anzetteln wollen.

Jesus sagt, dass er uns einen anderen Frieden gibt, als er in der Welt zu finden ist. Einen, der tief in unseren Herzen lebt – egal, was um uns herum passiert. Der macht uns mutig, für Menschlichkeit und gutes Zusammenleben einzutreten, und zusätzlich verteidigungsfähig gegen das Böse.

Ich wünsche uns allen diese verteidigungsfähige Friedfertigkeit Gottes im Herzen.

Hörtipp

Sicher hast du in den letzten Wochen im Radio „Stop the cavalry" von Jona Lewie gehört, seit Jahren einer der viel gespielten Weihnachtshits. Eine locker flockige Marsch-Melodie mit viel daba-daba-dum und einem charakteristischen Glockenschlag nach dem Liedvers „Wish I was home at Christmas". Doch dieses „Ich wünschte, ich wäre Weihnachten zu Hause" ist der einzige Satz, der mit Weihnachten zu tun hat.

„Stop the cavalry" ist ein Antikriegslied aus dem Jahr 1980: Ein Soldat aus dem Ersten Weltkrieg erzählt, warum er das sinnlose Kämpfen satt hat. Wenn er lebend nach Hause kommt und die Wahlen gewinnt, will er alle Armeen für immer in den Kasernen lassen. Der Text schlägt einen zeitlosen Bogen von der atomaren Bedrohung bis zu den heutigen Kriegen.

Das eindrückliche Musikvideo und den Songtext auf Englisch und Deutsch kann man sich im Internet anschauen.

Wir können heute an die vielen Frontsoldaten denken, die dieses Jahr gerne an Weihnachten zu Hause bei ihren Liebsten wären.

⇒ KILOMETER 24 ⇐
ENDLICH DA. UND DANN?

Fragt man Pilgerinnen oder Weitwanderer, was sie am Ziel ihrer Reise empfanden, bekommt man nach einer Denkpause oft die Antwort: „Gemischte Gefühle".

Einerseits gab es die große Freude, das Ziel tatsächlich erreicht zu haben, man war froh, dass gewisse Strapazen nun ein Ende fanden. Andererseits kam Trauer auf. Man hatte sich an das Pilgerleben gewöhnt, nun war alles vorbei und ein paar Tage später lauerte schon wieder der schnöde Alltag.

Auch wenn der Weg einen verändert hat, man neue Einsichten gewonnen oder sich Neuausrichtungen vorgenommen hat, spürt man, wie fragil das angesichts der Wucht des „alten gewohnten Lebens" ist.

Manche Menschen bekommen daher am Ziel erstmal den Pilgerblues. Im Mittelalter hatte man dieses Problem kaum, denn man musste ja auch zu Fuß wieder nach Hause laufen. Zeit genug, sich auf die Heimat einzustimmen.

Heute sind wir am Ziel unserer gemeinsamen Adventswanderung angekommen. Pilgerblues wird sich bei uns wahrscheinlich nicht einstellen, denn nun wartet der Höhepunkt der Weihnachtszeit auf uns. Nach ein paar Tagen starten wir schon ins neue Jahr und 11 Monate später bricht schon wieder ein Dezember an.

Mich beschäftigt oft, dass Jesus versprochen hat, wiederzukommen, wenn die Zeit dafür reif ist. Im Grunde lebe ich daher in einer permanenten Adventsstimmung.

Ich wünsche dir von Herzen gesegnete Festtage und gute Begegnungen mit dem Geburtstagskind – nicht nur heute.

Deine Sabine Dittrich

Brecht auf ohne Landkarte –
und wisst, dass Gott unterwegs zu finden ist
und nicht erst am Ziel.
Versucht nicht, ihn nach Originalrezepten
zu finden,
sondern lasst euch von ihm finden
in der Armut eines banalen Lebens.

Madeleine Delbrêl,
Schriftstellerin und Mystikerin (1904–1964)

≽ ÜBER DIE AUTORIN ≼

Eigentlich könnte hier dasselbe Autorenporträt stehen wie im Vorgängerband aus 2019:

1962 in Pforzheim geboren, im Nordschwarzwald aufgewachsen, seit 39 Jahren in einem kleinen Dorf bei Hof/Saale in Oberfranken zu Hause. Ich bin immer noch mit demselben Mann verheiratet und Mutter einer inzwischen noch erwachseneren Tochter.

Auch Tschechisch lerne ich weiterhin in einem gemütlichen Volkshochschul-Kurs. Ich wundere mich über immer neue grammatikalische Raffinessen, von denen einem niemand im Anfängerkurs etwas verrät, damit man nicht vorzeitig das Handtuch wirft. Immerhin antworten mir die Menschen in der Tschechischen Republik nicht mehr auf Deutsch oder Englisch, sondern in ihrer Sprache – was einem Ritterschlag gleichkommt.

Durch meine Mitgliedschaft in der tschechischen Sektion des Internationalen P.E.N. Clubs Praha wurde mein neuester Erzählband Goldbachtal nicht nur in Deutschland vorgestellt, sondern auch auf den beiden tschechischen Buchmessen in Prag und Havlíčkův Brod. Das waren besondere Erlebnisse. Und Gott sei Dank hat die Pandemiezeit meinen Freundschaften über die Grenze hinweg nichts anhaben können.

Dass ich als Teilzeit-Eremitin gerne lange und einsame Wanderungen mache, wird wohl bleiben, solange ich mich auf den Beinen halten kann.

Einem saftigen Käsekuchen kann ich nach wie vor nicht widerstehen. Weihnachtsplätzchen allerdings genauso wenig.

Meine Zukunftspläne? Ich würde gerne eine nette ältere Dame werden. Ein bisschen Weisheit wäre auch schön – aber mir ist sonnenklar, dass sich diese nicht automatisch nur durchs Altwerden einstellen wird.

Ich merke jetzt: Vieles ist gleichgeblieben, manches ist gewachsen, einiges will reifen. Und dafür bin ich Gott dankbar und lasse mich gern weiterhin von ihm überraschen.

Wenn du mehr über meine literarische Arbeit wissen willst: *www.sabinedittrich.de.*

Vielleicht treffen wir uns ja mal persönlich bei einer Lesung oder einem Frauenfrühstück? Das würde mich freuen.

≈ Quellenverzeichnis ≈

Kilometer 8: *Zitat von Don Bosco, dem Gründer des Salesianer-Ordens (1815–1888).*

Kilometer 9: *Zitat von Dietrich Bonhoeffer aus: Hartmut Handt, Armin Jetter, Voller Freude. Liedandachten zu den Sonntagen und Festen des Kirchenjahres (Strube, München 2004), S. 20.*
Bibeltext aus dem Lukasevangelium, Kapitel 1, Vers 46–55, aus der Einheitsübersetzung der Heiligen Schrift © 2016 Katholische Bibelanstalt GmbH, Stuttgart.

Kilometer 11: *Zitat von Douglas Coupland aus seinem Roman Generation X – Geschichten für eine immer schneller werdende Kultur (Galgenberg, Hamburg 1991).*

Kilometer 17: *Bibeltext aus dem Matthäusevangelium, Kapitel 18, Vers 3, aus der Hoffnung für alle TM Copyright © 1983, 1996, 2002, 2015 by Biblica, Inc.*

Kilometer 20: *Verse aus Psalm 139 aus der Bibel nach Martin Luthers Übersetzung, revidiert 2017, © 2016 Deutsche Bibelgesellschaft, Stuttgart.*

Kilometer 22: *Kenneth E. Bailey, Jesus war kein Europäer – Die Kultur des Nahen Ostens und die Lebenswelt der Evangelien. SCM R. Brockhaus, Holzgerlingen 2018. Seite 35ff.*

Kilometer 24: *Zitiert aus: Gebet in einem weltlichen Leben von Madeleine Delbrêl, in: Gott einen Ort sichern. Texte – Gedichte – Gebete, herausgegeben von Annette Schleinzer (Matthias-Grünewald, Ostfildern 2007).*

Weihnachtliche Bibeltexte

Übersetzung: Hoffnung für alle

Der Evangelist Lukas berichtet:

Ein Engel kündigt Maria die Geburt von Jesus an
Elisabeth war im sechsten Monat schwanger, als Gott den Engel Gabriel nach Nazareth schickte, einer Stadt in Galiläa. Dort sollte er eine junge Frau namens Maria aufsuchen. Sie war noch unberührt und mit Josef, einem Nachkommen von König David, verlobt.

Der Engel kam zu ihr und sagte: „Sei gegrüßt, Maria! Der Herr ist mit dir! Er hat dich unter allen Frauen auserwählt." Maria erschrak über die Worte des Engels und fragte sich, was dieser Gruß bedeuten könnte.

„Hab keine Angst, Maria", redete der Engel weiter. „Gott hat dich zu etwas Besonderem auserwählt. Du wirst schwanger werden und einen Sohn zur Welt bringen. Jesus soll er heißen. Er wird mächtig sein, und man wird ihn Sohn des Höchsten nennen. Gott, der Herr, wird ihm die Königsherrschaft seines Stammvaters David übergeben, und er wird die Nachkommen von Jakob für immer regieren. Seine Herrschaft wird niemals enden."

„Wie soll das geschehen?", fragte Maria den Engel. „Ich habe ja noch nie mit einem Mann geschlafen."

Der Engel antwortete ihr: „Der Heilige Geist wird über dich kommen, und die Kraft des Höchsten wird sich an dir zeigen. Darum wird dieses Kind auch heilig sein und Sohn Gottes genannt werden. Selbst Elisabeth, deine Verwandte, von der man sagte, dass sie keine Kinder bekommen kann, ist jetzt im sechsten Monat schwanger. Sie wird in ihrem hohen Alter einen Sohn zur Welt bringen. Gott hat es ihr zugesagt, und was Gott sagt, das geschieht!"

„Ich will mich dem Herrn ganz zur Verfügung stellen", antwortete Maria. „Alles soll so geschehen, wie du es mir gesagt hast." Darauf verließ sie der Engel.

Maria bei Elisabeth
Bald danach machte sich Maria auf den Weg ins Bergland von Judäa und eilte so schnell wie möglich in die Stadt, in der Elisabeth und ihr Mann Zacharias wohnten. Sie betrat das Haus und begrüßte Elisabeth.

Als Elisabeth Marias Stimme hörte, bewegte sich das Kind lebhaft in ihr. Da wurde sie mit dem Heiligen Geist erfüllt und rief laut: „Dich hat Gott gesegnet, mehr als alle anderen Frauen, und gesegnet ist das Kind, das in dir heranwächst! Womit habe ich verdient, dass die Mutter meines Herrn zu mir kommt? Denn kaum hörte ich deine Stimme, da hüpfte das Kind in mir vor Freude. Wie glücklich kannst du dich schätzen, weil du geglaubt hast! Was der Herr dir angekündigt hat, wird geschehen."

Da begann Maria, Gott zu loben: „Von ganzem Herzen preise ich den Herrn.

Ich freue mich über Gott, meinen Retter.

Mir, seiner Dienerin, hat er Beachtung geschenkt, und das, obwohl ich gering und unbedeutend bin. Von jetzt an und zu allen Zeiten wird man mich glücklich preisen, denn Gott hat große Dinge an mir getan, er, der mächtig und heilig ist!

Seine Barmherzigkeit bleibt für immer und ewig, sie gilt allen Menschen, die in Ehrfurcht vor ihm leben. Er streckt seinen starken Arm aus und fegt die Hochmütigen mit ihren stolzen Plänen hinweg. Er stürzt Herrscher von ihrem Thron, Unterdrückte aber richtet er auf. Die Hungrigen beschenkt er mit Gütern, und die Reichen schickt er mit leeren Händen weg.

Seine Barmherzigkeit hat er uns, seinen Dienern, zugesagt, ja, er wird seinem Volk Israel helfen. Er hat es unseren Vorfahren versprochen,

Abraham und seinen Nachkommen hat er es für immer zugesagt.

Maria blieb etwa drei Monate bei Elisabeth und kehrte dann nach Hause zurück.

Jesu Geburt
In dieser Zeit befahl Kaiser Augustus, alle Bewohner des Römischen Reiches in Steuerlisten einzutragen. Eine solche Volkszählung hatte es noch nie gegeben. Sie wurde durchgeführt, als Quirinius Statthalter in Syrien war. Jeder musste in seine Heimatstadt gehen, um sich dort eintragen zu lassen.

So reiste Josef von Nazareth in Galiläa nach Bethlehem in Judäa, der Geburtsstadt von König David. Denn er war ein Nachkomme von David und stammte aus Bethlehem. Josef musste sich dort einschreiben lassen, zusammen mit seiner Verlobten Maria, die ein Kind erwartete.

In Bethlehem kam für Maria die Stunde der Geburt. Sie brachte ihr erstes Kind, einen Sohn, zur Welt. Sie wickelte ihn in Windeln und legte ihn in eine Futterkrippe im Stall, denn im Gasthaus hatten sie keinen Platz bekommen.

Die Hirten auf dem Feld
In dieser Nacht bewachten draußen auf den Feldern vor Bethlehem einige Hirten ihre Herden.

Plötzlich trat ein Engel des Herrn zu ihnen, und die Herrlichkeit des Herrn umstrahlte sie. Die Hirten erschraken sehr, aber der Engel sagte: „Fürchtet euch nicht! Ich verkünde euch eine Botschaft, die das ganze Volk mit großer Freude erfüllen wird:

Heute ist für euch in der Stadt, in der schon David geboren wurde, der versprochene Retter zur Welt gekommen. Es ist Christus, der Herr. Und daran werdet ihr ihn erkennen: Das Kind liegt, in Windeln gewickelt, in einer Futterkrippe!"

Auf einmal waren sie von unzähligen Engeln umgeben, die Gott lobten:

„Ehre sei Gott im Himmel! Denn er bringt der Welt Frieden und wendet sich den Menschen in Liebe zu."

Nachdem die Engel in den Himmel zurückgekehrt waren, beschlossen die Hirten: „Kommt, wir gehen nach Bethlehem. Wir wollen sehen, was dort geschehen ist und was der Herr uns verkünden ließ."

Sie machten sich sofort auf den Weg und fanden Maria und Josef und das Kind, das in der Futterkrippe lag. Als sie es sahen, erzählten die Hirten, was ihnen der Engel über das Kind gesagt hatte. Und alle, die ihren Bericht hörten, waren darüber sehr erstaunt.

Maria aber merkte sich jedes Wort und dachte immer wieder darüber nach.

Schließlich kehrten die Hirten zu ihren Herden zurück. Sie lobten Gott und dankten ihm für das, was sie gehört und gesehen hatten. Es war alles so gewesen, wie der Engel es ihnen gesagt hatte.

Der Evangelist Matthäus berichtet:

Gott wird Mensch
Und so wurde Jesus Christus geboren: Seine Mutter Maria war mit Josef verlobt. Noch bevor sie geheiratet und miteinander geschlafen hatten, erwartete Maria ein Kind. Sie war vom Heiligen Geist schwanger geworden.

Josef war ein Mann, der sich an Gottes Gebote hielt, er wollte Maria aber auch nicht öffentlich bloßstellen. So überlegte er, die Verlobung stillschweigend aufzulösen.

Noch während er darüber nachdachte, erschien ihm im Traum ein Engel des Herrn und sagte: „Josef, du Nachkomme von David, zögere nicht, Maria zu heiraten! Denn das Kind, das sie erwartet, ist vom Heiligen Geist.

Sie wird einen Sohn zur Welt bringen, den sollst du Jesus nennen (‚Der Herr rettet'). Denn er wird die Menschen seines Volkes von ihren Sünden befreien."

Dies alles geschah, damit sich erfüllte, was der Herr durch seinen Propheten vorausgesagt hatte:

„Die Jungfrau wird schwanger werden und einen Sohn zur Welt bringen. Den wird man Immanuel nennen." – Immanuel bedeutet „Gott ist mit uns".

Als Josef aufwachte, tat er, was der Engel des Herrn ihm aufgetragen hatte, und heiratete Maria.

Über die drei Weisen aus dem Morgenland:
Jesus wurde in Bethlehem geboren, einer Stadt in Judäa. Herodes war damals König. Da kamen einige Sterndeuter aus einem Land im Osten nach Jerusalem und erkundigten sich: „Wo ist der neugeborene König der Juden? Wir haben seinen Stern aufgehen sehen und sind aus dem Osten hierhergekommen, um ihm die Ehre zu erweisen."

Als König Herodes das hörte, war er bestürzt und mit ihm ganz Jerusalem. Er rief die obersten Priester und die Schriftgelehrten des jüdischen Volkes zusammen und fragte sie: „Wo soll dieser versprochene Retter denn geboren werden?"

Sie antworteten: „In Bethlehem in Judäa. So heißt es schon im Buch des Propheten: ‚Bethlehem, du bist keineswegs die unbedeutendste Stadt in Juda. Denn aus dir kommt der Herrscher, der mein Volk Israel wie ein Hirte führen wird.'"

Daraufhin ließ Herodes die Sterndeuter heimlich zu sich kommen und fragte sie aus, wann sie den Stern zum ersten Mal gesehen hätten. Anschließend schickte er sie nach Bethlehem: „Erkundigt euch genau nach dem Kind", sagte er,

„und gebt mir Nachricht, sobald ihr es gefunden habt. Ich will dann auch hingehen und ihm die Ehre erweisen."

Nach diesem Gespräch gingen die Sterndeuter nach Bethlehem. Derselbe Stern, den sie schon beobachtet hatten, als er am Himmel aufging, führte sie auch jetzt. Er blieb über dem Haus stehen, in dem das Kind war. Als sie das sahen, kannte ihre Freude keine Grenzen.

Sie betraten das Haus, wo sie das Kind mit seiner Mutter Maria fanden, fielen vor ihm nieder und ehrten es wie einen König. Dann packten sie ihre Schätze aus und beschenkten das Kind mit Gold, Weihrauch und Myrrhe. Im Traum befahl ihnen Gott, nicht mehr zu Herodes zurückzugehen. Deshalb wählten sie für ihre Heimreise einen anderen Weg.

Nachdem die Sterndeuter fortgezogen waren, kam ein Engel des Herrn im Traum zu Josef und befahl ihm: „Steh schnell auf und flieh mit dem Kind und seiner Mutter nach Ägypten! Bleibt so lange dort, bis ich dir etwas anderes sage, denn Herodes lässt das Kind suchen und will es umbringen."

Da brach Josef noch in der Nacht mit Maria und dem Kind nach Ägypten auf.

Der **NEUFELD VERLAG** ist ein unabhängiger, inhabergeführter Verlag mit einem ambitionierten Programm.

Bei Gott sind Sie willkommen!
Und zwar so, wie Sie sind.
Uns liegt am Herzen, dass Menschen erfahren:

- Der christliche Glaube ist keine Religion, sondern lebt von **Beziehung**.
- Es gibt nichts Besseres, als **mit Jesus zu leben**.
- Es lohnt sich, die **Bibel** für das eigene Leben zu lesen.
- Die **Gemeinschaft mit anderen Christen** fordert uns heraus und hilft uns.

Menschen mit Behinderung bereichern uns!
Sie haben uns etwas zu sagen und zu geben, zum Beispiel:

- Sie erinnern uns daran, dass jeder Mensch **einzigartig** ist.
- Sie zeigen uns, dass der **Wert** eines Menschen nichts mit seiner Leistungsfähigkeit zu tun hat.
- Sie bremsen uns immer wieder aus und halten uns vor Augen, was im Leben **wesentlich** ist.
- Sie lassen uns erkennen, dass das Leben **erfüllt** sein kann – auch wenn es anders kommt.

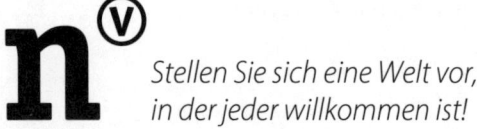

Stellen Sie sich eine Welt vor, in der jeder willkommen ist!

www.neufeld-verlag.de